BABY SHOWER

Celebrating:

_____

Date:

_____

© Copyright by Pamparam Baby Books. All rights reserved.

GROUP PHOTO

Guest Name

What I wish for you, baby:

_____
_____
_____
_____

My best advice for your parents:

_____
_____
_____
_____

Guest Name

What I wish for you, baby:

_____
_____
_____

My best advice for your parents:

_____
_____
_____

Guest Name

___

What I wish for you, baby:

___

___

___

___

My best advice for your parents:

___

___

___

___

Guest Name

What I wish for you, baby:

_____
_____
_____
_____

My best advice for your parents:

_____
_____
_____
_____

Guest Name

What I wish for you, baby:

_____
_____
_____
_____

My best advice for your parents:

_____
_____
_____
_____

Guest Name

_____

What I wish for you, baby:

_____
_____
_____
_____

My best advice for your parents:

_____
_____
_____
_____

Guest Name

What I wish for you, baby:

_____
_____
_____
_____

My best advice for your parents:

_____
_____
_____
_____

Guest Name

_____

What I wish for you, baby:

_____
_____
_____
_____

My best advice for your parents:

_____
_____
_____
_____

Guest Name

What I wish for you, baby:

_____
_____
_____
_____

My best advice for your parents:

_____
_____
_____
_____

Guest Name

What I wish for you, baby:

_____
_____
_____
_____

My best advice for your parents:

_____
_____
_____
_____

Guest Name

_____

What I wish for you, baby:

_____
_____
_____
_____

My best advice for your parents:

_____
_____
_____
_____

Guest Name

What I wish for you, baby:

_____
_____
_____
_____

My best advice for your parents:

_____
_____
_____
_____

Guest Name

_____

What I wish for you, baby:

_____
_____
_____

My best advice for your parents:

_____
_____
_____
_____

Guest Name

___

What I wish for you, baby:

___
___
___
___

My best advice for your parents:

___
___
___
___

Guest Name

___

What I wish for you, baby:

___
___
___
___

My best advice for your parents:

___
___
___
___

Guest Name

What I wish for you, baby:

_____
_____
_____
_____

My best advice for your parents:

_____
_____
_____
_____

Guest Name

_____

What I wish for you, baby:

_____
_____
_____
_____

My best advice for your parents:

_____
_____
_____
_____

Guest Name

What I wish for you, baby:

_____
_____
_____
_____

My best advice for your parents:

_____
_____
_____
_____

Guest Name

What I wish for you, baby:

_____
_____
_____
_____

My best advice for your parents:

_____
_____
_____
_____

Guest Name

___

What I wish for you, baby:

___

My best advice for your parents:

___

Guest Name

_____

What I wish for you, baby:

_____
_____
_____
_____

My best advice for your parents:

_____
_____
_____
_____

Guest Name

What I wish for you, baby:

_____
_____
_____
_____

My best advice for your parents:

_____
_____
_____
_____

Guest Name

_____

What I wish for you, baby:

_____
_____
_____
_____

My best advice for your parents:

_____
_____
_____
_____

Guest Name

_____

What I wish for you, baby:

_____

_____

_____

My best advice for your parents:

_____

_____

_____

Guest Name

What I wish for you, baby:

My best advice for your parents:

Guest Name

_____

What I wish for you, baby:

_____
_____
_____
_____

My best advice for your parents:

_____
_____
_____
_____

Guest Name

What I wish for you, baby:

My best advice for your parents:

Guest Name

What I wish for you, baby:

_____
_____
_____
_____

My best advice for your parents:

_____
_____
_____
_____

Guest Name

What I wish for you, baby:

_____
_____
_____
_____

My best advice for your parents:

_____
_____
_____
_____

Guest Name

_____

What I wish for you, baby:

_____
_____
_____
_____

My best advice for your parents:

_____
_____
_____
_____

Guest Name

___

What I wish for you, baby:

___
___
___
___

My best advice for your parents:

___
___
___
___

Guest Name

What I wish for you, baby:

_____
_____
_____
_____

My best advice for your parents:

_____
_____
_____
_____

Guest Name

What I wish for you, baby:

_____

_____

_____

_____

My best advice for your parents:

_____

_____

_____

_____

Guest Name

_____

What I wish for you, baby:

_____
_____
_____
_____

My best advice for your parents:

_____
_____
_____
_____

Guest Name

What I wish for you, baby:

My best advice for your parents:

Guest Name

What I wish for you, baby:

_____
_____
_____
_____

My best advice for your parents:

_____
_____
_____
_____

Guest Name

_____

What I wish for you, baby:

_____
_____
_____
_____

My best advice for your parents:

_____
_____
_____
_____

Guest Name

___

What I wish for you, baby:

___
___
___

My best advice for your parents:

___
___
___

Guest Name

_____

What I wish for you, baby:

_____

_____

_____

_____

My best advice for your parents:

_____

_____

_____

_____

Guest Name

_____

What I wish for you, baby:

_____

_____

_____

_____

My best advice for your parents:

_____

_____

_____

_____

Guest Name

What I wish for you, baby:

_____
_____
_____
_____

My best advice for your parents:

_____
_____
_____
_____

Guest Name

What I wish for you, baby:

_____
_____
_____

My best advice for your parents:

_____
_____
_____

Guest Name

_____

What I wish for you, baby:

_____
_____
_____
_____

My best advice for your parents:

_____
_____
_____
_____

Guest Name

_____

What I wish for you, baby:

_____
_____
_____
_____

My best advice for your parents:

_____
_____
_____
_____

Guest Name

_____

What I wish for you, baby:

_____

_____

_____

_____

My best advice for your parents:

_____

_____

_____

_____

Guest Name

_____

What I wish for you, baby:

_____
_____
_____
_____

My best advice for your parents:

_____
_____
_____
_____

Guest Name

_____

What I wish for you, baby:

_____
_____
_____
_____

My best advice for your parents:

_____
_____
_____
_____

Guest Name

What I wish for you, baby:

_____
_____
_____
_____

My best advice for your parents:

_____
_____
_____
_____

Guest Name

_____

What I wish for you, baby:

_____

_____

_____

_____

My best advice for your parents:

_____

_____

_____

_____

Guest Name

What I wish for you, baby:

My best advice for your parents:

Guest Name

What I wish for you, baby:

_____
_____
_____
_____

My best advice for your parents:

_____
_____
_____
_____

Guest Name

What I wish for you, baby:

_____
_____
_____
_____

My best advice for your parents:

_____
_____
_____
_____

Guest Name

_____

What I wish for you, baby:

_____
_____
_____
_____

My best advice for your parents:

_____
_____
_____
_____

Guest Name

_____

What I wish for you, baby:

_____
_____
_____

My best advice for your parents:

_____
_____
_____

Guest Name

What I wish for you, baby:

_____
_____
_____
_____

My best advice for your parents:

_____
_____
_____
_____

Guest Name

_____

What I wish for you, baby:

_____
_____
_____

My best advice for your parents:

_____
_____
_____
_____

Guest Name

_____

What I wish for you, baby:

_____
_____
_____
_____

My best advice for your parents:

_____
_____
_____
_____

Guest Name

What I wish for you, baby:

_____
_____
_____
_____

My best advice for your parents:

_____
_____
_____
_____

Guest Name

_____

What I wish for you, baby:

_____
_____
_____
_____

My best advice for your parents:

_____
_____
_____
_____

Guest Name

___

What I wish for you, baby:

___
___
___
___

My best advice for your parents:

___
___
___
___

Guest Name

_____

What I wish for you, baby:

_____

_____

_____

_____

My best advice for your parents:

_____

_____

_____

_____

Guest Name

_____

What I wish for you, baby:

_____
_____
_____
_____

My best advice for your parents:

_____
_____
_____
_____

Guest Name

_____

What I wish for you, baby:

_____
_____
_____
_____

My best advice for your parents:

_____
_____
_____
_____

Guest Name

_____

What I wish for you, baby:

_____

_____

_____

_____

My best advice for your parents:

_____

_____

_____

_____

Guest Name

_____

What I wish for you, baby:

_____
_____
_____
_____

My best advice for your parents:

_____
_____
_____
_____

Guest Name

_____

What I wish for you, baby:

_____
_____
_____
_____

My best advice for your parents:

_____
_____
_____
_____

Guest Name

_____

What I wish for you, baby:

_____
_____
_____
_____

My best advice for your parents:

_____
_____
_____
_____

Guest Name

_____

What I wish for you, baby:

_____
_____
_____
_____

My best advice for your parents:

_____
_____
_____
_____

Guest Name

What I wish for you, baby:

_____
_____
_____
_____

My best advice for your parents:

_____
_____
_____
_____

Guest Name

What I wish for you, baby:

_____
_____
_____
_____

My best advice for your parents:

_____
_____
_____
_____

Guest Name

What I wish for you, baby:

My best advice for your parents:

Guest Name

_____

What I wish for you, baby:

_____
_____
_____
_____

My best advice for your parents:

_____
_____
_____
_____

Guest Name

___

What I wish for you, baby:

___
___
___
___

My best advice for your parents:

___
___
___
___

Guest Name

_____

What I wish for you, baby:

_____
_____
_____
_____

My best advice for your parents:

_____
_____
_____
_____

Guest Name

_____

What I wish for you, baby:

_____
_____
_____
_____

My best advice for your parents:

_____
_____
_____
_____

Guest Name

What I wish for you, baby:

_____
_____
_____
_____

My best advice for your parents:

_____
_____
_____
_____

Guest Name

_____

What I wish for you, baby:

_____
_____
_____
_____

My best advice for your parents:

_____
_____
_____
_____

Guest Name

_____

What I wish for you, baby:

_____
_____
_____
_____

My best advice for your parents:

_____
_____
_____
_____

Guest Name

_____

What I wish for you, baby:

_____
_____
_____

My best advice for your parents:

_____
_____
_____
_____

Gifts Received

Guest	Gift

Gifts Received

Guest   Gift

Gifts Received

Guest

Gift

Gifts Received

Guest

Gift

Gifts Received

Guest
Gift

Gifts Received

Guest	Gift

Gifts Received

Guest	Gift

Gifts Received

Guest   **Gift**

Gifts Received

Guest | Gift

BABY SHOWER GAMES

DON'T MENTION THE BABY...

1. Give each person a pin when they arrive
2. They are not allowed to say the word 'baby'
3. Whenever someone says 'baby', their pin can be stolen
4. The person with the most pins at the end wins!

CAN YOU GUESS HOW MANY?

1. Fill a baby bottle with small items (M&M's or beads)
2. Let each guest guess how many items are in there
3. The guest with the closest guess wins the game!

GUESS THE BABY!

1. In the invitation, ask each guest to bring a photo of themselves as a baby
2. Place all the baby photos on the table
3. See if you can match the baby photo with the correct guest!

NAME THAT SONG!

1. Create a playlist with songs that have the word 'baby' in the song name
2. Divide the guests in small teams
3. Play 10-15 seconds of a song
4. Which team can guess the name of the song?
5. Bonus points if they also know the artist!

PHOTOS

PHOTOS

PHOTOS

PHOTOS

REFLECTION FOR PARENTS

1. How was this baby shower for you?

2. What are you grateful for?

3. What would you like to share with your baby?

REFLECTION FOR PARENTS

REFLECTION FOR PARENTS

REFLECTION FOR PARENTS

www.ingramcontent.com/pod-product-compliance
Lightning Source LLC
Chambersburg PA
CBHW081404070526
44583CB00020B/2668